„Räsonieren" verboten! Das „Sklavenjoch" in der preußischen Armee und die Niederlage von 1806

von Rolf Helfert

ergänzte Neuauflage

2025

„Räsonieren" verboten! Das „Sklavenjoch" in der preußischen Armee und die Niederlage von 1806

Unsere nachgeborene friderizianische Armee, die statt der Ehre nur noch den Dünkel, und statt der Seele nur noch ein Uhrwerk hat – ein Uhrwerk, das bald genug abgelaufen sein wird.

Theodor Fontane[1]

Im Epochenjahr 1789 erschien in der Zeitschrift „Jahrbuch für die Menschheit" eine Abhandlung unter dem Titel „Über den Selbstmord"[2]. Verfasst hatte ihn der evangelische Pastor Johann M. Schwager (1738-1804), der im preußischen Minden-Ravensberg (Jöllenbeck) lebte[3]. Schwagers Thesen veranlassten Friedrich Wilhelm II., ein Strafverfahren gegen ihn einzuleiten.

---

[1] Theodor Fontane, Schach von Wuthenow. Erzählung aus der Zeit des Regiments Gensdarmes, Diogenes Verlag, Zürich 1998, S. 172.

[2] Johann Mori(t)z Schwager, Über den Selbstmord, in: Jahrbuch für die Menschheit oder Beyträge zur Beförderung häuslicher Erziehung, häuslicher Glückseligkeit und praktischer Menschenkenntniß, hrsg von Friedrich Burchard Beneken, Bd. 2, Hannover 1789, S. 552-578.

[3] Frank Stückemann, Neuere Aspekte zu Johann Moritz Schwagers Vita, Werk und Wirkung, in: Walter Gödden, Peter Heßelmann, Frank Stückemann (Hrsg.), „Er war ein Licht in Westphalen". Johann Moritz Schwager (1738-1804). Ein westfälischer Aufklärer. Veröffentlichungen der Literaturkommission für Westfalen, Bd. 55, Bielefeld 2013, S. 27-36.

Welche „Verfassung" der Zeit, hatte Schwager in dem Artikel gefragt, verursachte den Anstieg der Selbstmordrate in Preußen? [4] Am häufigsten sei der Suizid „aus wahrer Verzweiflung", und deshalb gebe es in Preußen nirgends so viele Selbsttötungen wie im Militär. Besonders „gemeine Soldaten" wählten den Freitod. Der „schrecklichste Mangel, die unmenschlichste Behandlung, und das schmerzhafte Gefühl verlohrner Freiheit" bedingten solche Tragödien.

Wüsste nur der König, „wie schwer oft das Sklavenjoch seine Krieger drückt, wie hündisch manche behandelt werden, wie seine ... Reglements von kleinen, unerträglichen Despoten verdreht werden; sein gutes Herz müßte bluten". Denn jene Offiziere, die ihre Untergebenen quälten, „nehmen den Schild des Buchstabens vor die Brust, und verwahren ihre Bubenstücke dahinter" [5]. Glaubte Schwager, dass Friedrich Wilhelm II. ahnungslos war? Hatten nur Offiziere den Missbrauch der Gesetze zu verantworten?

Der drangsalierte Soldat sah des „Jammers kein Ende", denn er konnte sich nirgends beschweren, ohne neue Er-

---

[4] Johann M. Schwager, Über den Selbstmord, wie Fußnote 2, S. 552-557.

[5] Ebd., S. 561. Das in Preußen legale „Gassenlaufen" erwähnte Schwager nicht, meinte aber offensichtlich, dass Offiziere rechtswidrige Strafen verhängten. (Vgl. unten die „Declamation" Friedrich Wilhelms II.). Teile des Artikels sind abgedruckt in: Frank Stückemann, Johann Moritz Schwager (1738–1804). Ein westfälischer Landpfarrer und Aufklärer ohne Misere, Veröffentlichungen der Literaturkommission für Westfalen, Bd. 36, Bielefeld 2009, S. 448-450. Bisher wurde der Fall Schwager seitens der Geschichtswissenschaft nicht ausgewertet.

niedrigungen befürchten zu müssen. „Was bleibt seiner Verzweiflung übrig als – eine Kugel?" [6]

Abscheu und Entsetzen befalle „den Menschenfreund, wenn er bartlose Pürschchen auf lang gediente Soldaten wie auf Mülleresel losschlagen sieht und im Castrationsbasse losdonnern hört" [7]. Gerade auch dieser anschaulich formulierte Satz empörte die Obrigkeit [8].

Verschlimmert wurde das Soldatenleben aufgrund willkürlich abgelehnter Heiratsgesuche. Niemand lasse sich „die Liebe durch ... höhnende Machtsprüche [oder] Stockschläge austreiben". Häufig begingen diese „Unglücklichen" Selbstmord [9].

Nichtpreußen (zumeist Deutsche) wurden mittels falscher Versprechungen ins Militär gelockt. Dem unerfahrenen Menschen gaukelten die Soldatenwerber, die gern Alkohol anboten,   ein „Schlaraffenleben" vor. Sobald der Betrogene seine „jugendliche Übereilung" erkannte „und dann sich besann, besann er sich zu spät". Nun schockiert ihn der Verlust der „natürlichen Freiheit", „und wehe dem Nüchterngewordenen, wenn er sich der verlorenen Freiheit „mit lebhaftem Gefühle erinnert" und obendrein

---

[6] Johann M. Schwager, Über den Selbstmord, wie Fußnote 2, S. 561. Vermutlich trieb ebenso die Scham über Misshandlungen manchen in den Tod.

[7] Ebd., S. 561f. Die „bartlosen Pürschchen" waren vermutlich junge Fähnriche.

[8] Vgl. unten das Schreiben des Geheimen Justizrates von Arnim.

[9] Johann M. Schwager, Über den Selbstmord, wie Fußnote 2, S. 562 f.

wahrnimmt, „daß ihm, da er Wort halten muß, nicht Wort gehalten wird" [10].

Dabei lehnte der Autor die militärische Subordination nicht ab. Aber Schwager verlangte, sie „menschlicher" zu gestalten. Gelinge das nicht, so möge in Notzeiten, die das „stark aufbrausende Freiheitsgefühl" hervorbringen werde, „Gott den Fürsten gnädig" sein, denn diese dürfen sich keinesfalls auf „dergleichen Unglückliche, in denen so oft die Menschheit beleidigt ward, auf solche Beschützer, die selbst keinen Schutz genossen, verlassen!!!" [11]

Der preußischen Armee prophezeite Schwager 17 Jahre vor ihrem Untergang eine düstere Zukunft! Die Französische Revolution beurteilte er wohl reserviert. Aber ein Militär, zusammengehalten durch Schläge, Betrug und Brüllorgien, das eigene Soldaten schlimmer als Tiere behandelte, widerstand keinem Gegner, der die Bürgerrechte anerkannte.

„Der Geist ist heraus, alles ist Dressur und Spielerei geworden" [12], bemerkte Fontane und verglich Preußens er-

---

[10] Ebd., S. 563

[11] Ebd., S. 561. `Patriotische` und humanitäre Gedanken motivierten Schwager. Nicht einmal Friedrich Wilhelm hat Schwager „Wehrkraftzersetzung" vorgeworfen, wie Stückemann behauptet, der bewusst die Unwahrheit schreibt, indem er einen Begriff des 20. Jahrhunderts verwendet. Vgl. Frank Stückemann, Johann Moritz Schwager (1738–1804). Ein westfälischer Landpfarrer und Aufklärer ohne Misere, Veröffentlichungen der Literaturkommission für Westfalen, Bd. 36, Bielefeld 2009, wie Fußnote 5, S. 448.

[12] Th. Fontane, Schach von Wuthenow, wie Fußnote 1, S. 63.

starrte Armee mit der späten Mingdynastie [13]. Allerdings ignorierte Fontane, der vorrangig den Adel betrachtete, dass nicht nur „Dressur und Spielerei" die Truppe schädigten, fielen doch zahlreiche Soldaten der Barbarei anheim.

Laut Friedrich Wilhelm bedrohte Schwagers Artikel das Militär und den gesamten Staat [14]. Darum verurteilte ein Gericht in Minden-Ravensberg, schrieb der Justizrat von Arnim, Schwager aufgrund „wahrheitswidriger Schilderung und der dabei gebrauchten beleidigenden Schreibart" zum Nachteil der „Preußischen Militär-Verfassung" und bezogen auf „den Stand des gemeinen Soldaten" zu einer Geldstrafe von 50 Talern. Außerdem sollte er seine Thesen öffentlich „widerrufen". Ihm wurden die Kosten des Verfahrens (4 Taler) auferlegt. Folglich hatte Schwager preußische Soldaten beleidigt - und nicht etwa der preußische Staat! [15]

---

[13] Ebd., S. 174.

[14] In einer Kabinettsorder vom 25.3.1790 beauftragte der König den Minister Wöllner, bei der Mindenschen Regierung ein Strafverfahren gegen Schwager zu beantragen, weil dieser „eine aufwiegelnde, der allgemeinen Ordnung der Staatsverfassung äußerst nachtheilige" Schrift verfasst habe. Zit. nach Frank Stückemann, Johann Moritz Schwager (1738–1804). Ein westfälischer Landpfarrer und Aufklärer ohne Misere, wie Fußnote 5, S. 449.

[15] Geheimer Justizrat Albrecht Heinrich von Arnim, (1798 preußischer Justizminister), im Auftrag Friedrich Wilhelms II., In fiskalischer Untersuchungssache wider den Prediger Joh. Mori(t)z Schwager, o. Dt., (etwa Oktober 1790), in: Geheimes Staatsarchiv Preußischer Kulturbesitz, I. HA, Rep. 96, Geheimes Zivilkabinett, ältere Periode (bis 1797), Nr. 218, Bl. 36.

Kniefällig bat Schwager den König, ihn zu begnadigen und das Urteil aufzuheben [16]. Jemand denunzierte ihn wegen des Artikels bei Friedrich Wilhelm, der daraufhin ein Strafverfahren in Gang setzte, obwohl „Patriotismus" und „warme Vaterlandsliebe" Schwager bewogen hätten, die Feder zu ergreifen. Immer wollte er dem „Staate nützlich" sein. Der zuständige Richter sprach Schwager deshalb vom „Verdachte der Aufwiegelei" frei.

Schwager berief sich auf das Generaldirektorium und die leitenden Persönlichkeiten Wöllner, von der Reck, Heinitz sowie den Königsberater Bischoffwerder, die ihm das „Zeugnis des wärmsten, thätigsten Patriotismus" ausstellen könnten. „Wahre Menschenliebe" veranlasste Schwager, Zustände im Militär zu kritisieren, die auch die „Königliche Majestät Allerhöchst Selbst verabscheut", von „Dero menschenfreundlicher Absicht" er überzeugt war [17].

---

[16] Schreiben Johann M. Schwagers an Friedrich Wilhelm II., 5. September 1790, in: GStA, wie Fußnote 15, Bl. 28 f. Stückemann erwähnt weder diesen Bittbrief noch den Bescheid des Justizrates von Arnim. Das Berliner Kammergericht, behauptete Schwager, habe ihn in zweiter Instanz freigesprochen. Akten hierzu fehlen. Erfolgte der (vermeintliche) Freispruch unabhängig vom abgelehnten Gnadengesuch? Welches Urteil galt? Vgl. Frank Stückemann, Johann Moritz Schwager (1738–1804). Ein westfälischer Landpfarrer und Aufklärer ohne Misere, wie Fußnote 5, S. 450. Die Haltung des Königs in der Causa Schwager beeinflusste dieser (etwaige) Freispruch nicht.

[17] Schreiben Johann M. Schwagers an Friedrich Wilhelm II., 5. September 1790, in: GStA, wie Fußnote 15, Bl. 28. Schwager hätte noch erwähnen können, dass ihm Friedrich II. 1780 einen Belobigungsbrief zugesandt hatte. Vgl. Johann Moritz Schwager Lesebuch, hrsg. von Frank Stückemann, Köln 2012, S. 53.

Weithin dementierte der Bittsteller seine im „Jahrbuch für die Menschheit" formulierte Kritik. Nun gab es keine Selbstmorde mehr. Wenige „Missbräuche" im Militär seien „wohl noch nicht so gänzlich abgestellt". Allenfalls existierten „hin und wieder noch Befehlshaber, die zu hart mit dem gemeinen Soldaten umgehen". „Der Armee im Ganzen" machte er „keine Vorwürfe". Sollten „zu harte Worte" gefallen sein, beging Schwager diesen „Fehler" als „patriotischer Unterthan".

Friedrich Wilhelm, ein „Menschenfreundlicher Monarch", werde ihm vergeben. „Und um diese Verzeihung, Sire! um gänzliche Niederschlagung des Prozesses und um Aufhebung der dictirten Strafe und Kosten werfe ich mich Euer Königlichen Majestät zu Fuße". Schwager konnte das Strafgeld nicht zahlen, ohne sich „zu ruinieren, ohne meine zahlreiche Familie darben zu lassen, und ohne meinen Sohn aus seiner Carriere heraus zu nehmen," den er drei Jahre lang bei der Königlich Mindischen Kammer „als Kalkulator-Assistenten mit mich drückenden Kosten unterhalte" und der die vollste Zufriedenheit seiner Vorgesetzten erlangte.

Auch erinnerte Schwager daran, dass er Anfang 1790 „dem Staat" 108 Kinder dank „eigenhändigen" Impfens vor den Pocken rettete und ihnen auf seine Kosten Medikamente kaufte. Daher möge Friedrich Wilhelm diese seine „flehentlichste Bitte allerhuldreichst" erfüllen und ihm „Gnade" gewähren [18].

---

[18] Schreiben Johann M. Schwagers an Friedrich Wilhelm II., wie Fußnote 16, Bl. 28f.

Alle Dementis bezüglich seines Artikels, das erniedrigende Flehen um Mitleid, die Appelle an den „menschenfreundlichen" König, nützten dem Bittsteller nichts. Der von Friedrich Wilhelm beauftragte Justizrat wies Schwagers Gnadengesuch zurück. In seinen „Gründen" schrieb Arnim, dass Schwager über Misshandlungen gemeiner Soldaten berichte, ohne „Orte, Regimenter und Personen" zu benennen. Dennoch erwecke er den Eindruck, die preußische Armee besser zu kennen als der König.

Besonders verärgerten den Justizrat des Autors „bartlose Pürschchen" mit der Kastratenstimme, die gnadenlos ältere Soldaten malträtierten. Schwagers gesamten Text, sofern er sich auf die preußische Armee bezog, hielt Arnim für strafwürdig. „Wo sind unter der Regierung Seiner Königlichen Majestät die Unglücklichen, die das Sklavenjoch drückt, die hündisch behandelt, die zur Verzweiflung gebracht werden, in denen die Menschheit beleidigt wird?" In seiner „Vernehmung" habe Schwager keine konkreten Tatsachen erwähnt [19].

Zweifellos leiteten Schwager aufklärerisch-humanitäre Beweggründe, die allerdings unmöglich den Verdacht rechtfertigen, dass er log.

---

[19]Geheimer Justizrat von Arnim, In fiskalischer Untersuchungssache, wie Fußnote 15, Bl. 29f. Ein Zeitschriftenartikel von 1788 „über berlinische Selbstmörder" veranlasste Schwager, dieses Thema zu bearbeiten und das Militär einzubeziehen. Ebd, Bl. 29 R. Als Teilnehmer des Siebenjährigen Krieges hatte Schwager entsprechende Erfahrungen gemacht. Außerdem nutzte er hierfür Veröffentlichungen der „Berlinischen Monatsschrift" der Zeit vor 1786. Vgl. Frank Stückemann, Johann Moritz Schwager (1738–1804). Ein westfälischer Landpfarrer und Aufklärer ohne Misere, wie Fußnote 5, S. 448, S. 450.

Arnim bemerkte, dass Friedrich Wilhelm „Verordnungen" erlassen habe, „welche vorzüglich dahin abzwecken, um alle etwaigen Missbräuche abzustellen, daß keine unmenschliche Behandlung und keine willkürliche und ungerechte Bestrafung vorgehe", Heiratsverbote unterblieben und die Anwerbung korrekt ablief [20]. Derlei Maßregeln ergeben aber nur dann Sinn, wenn Zustände, wie sie Schwager kritisiert hatte, in der preußischen Armee vorkamen! Und doch behauptete Arnim, dass die von Schwager behaupteten „Mängel und Gebrechen ... nicht existiren".

Selbstverständlich interessierte Arnim nicht die Wahrheitsfindung; unabhängige Gutachter heranzuziehen, stand nie zur Debatte. Die Voreingenommenheit des Justizrates kann man nur *extrem* nennen. Das Allerheiligste hatte Schwager angegriffen, die preußische Armee, das Fundament der Monarchie. In Schwagers Artikel sah Arnim „eine Beleidigung des Staats und dessen Regenten" sowie der gemeinen Soldaten.

„Als ein Landeseinwohner und Prediger" unterliege Schwager der „Verbindlichkeit", dem Staat „nützlich zu werden" und seinen „Ruf zu fördern". Trotzdem habe er den Staat „verlästert, öffentlich beim auswärtigen und inländischen Publico", indem er den Eindruck hervorrief, dass in der preußischen Armee ein durch „Misshandlungen und Despotie" verursachtes „Sklavenleben" manche Soldaten in den Selbstmord treibe. Somit werde des Königs Militär „in einen üblen Ruf gesetzt und Mistrauen und

---

[20] Geheimer Justizrat von Arnim, In fiskalischer Untersuchungssache, wie Fußnote 15, Bl. 29 R

Abneigung" erfassen am Ende den „ganzen Preußischen
Staat" [21].

Zwar sei Schwager „ein treuer, gutgesinnter Staatsbürger
und rechtschaffener Prediger", der weder den „bösen Vor-
satz" hatte, zur „Aufwiegelei" anzustiften noch die „öffentliche Ruhe verletzen" wollte. „Unwissenheit" und
„Schreibseligkeit" hätten Schwager veranlasst, seine
„dreisten Behauptungen" zu publizieren [22]. Arnim küm-
merte nicht, was die Geldstrafe für Schwagers Familie bedeutete.

Hat Schwager gelogen, oder schrieb der Justizrat, ver-
längerter Arm des Königs, aus falsch verstandener Staats-
räson die Unwahrheit? Um diese Fragen zu beantworten,
empfiehlt es sich, gesetzliche Bestimmungen zu analysie-
ren, die vor allem „gemeine Soldaten" betrafen. Innerhalb
des preußischen Militärs galten, differenziert nach Dienst-
graden, spezielle Rechtsordnungen. Auch gab es eine Mi-
litärgerichtsbarkeit [23].

---

[21] Ebd.

[22] Ebd., Bl. 29 R und Bl. 30. Interessanterweise erwähnt Arnim,
dass Schwager den „Beifall des Censors" gefunden habe, der offensichtlich Schwagers Artikel für glaubwürdig hielt. Demnach
hatte der Zensor Schwagers Text genehmigt, bevor Friedrich
Wilhelm intervenierte.

[23] Betreffs die Gesamtsituation des preußischen Heerwesens
von 1786-1806 vgl. Handbuch zur deutschen Militärgeschichte
1648-1939, hrsg. vom Militärgeschichtlichen Forschungsamt,
Bd. 1, Abschnitt II, München 1979, S. 81-88. Kritiker des
Strafsystems scheiterten am Widerspruch der meisten Offiziere.
Ebd., S. 89-99, bes. S. 90-92.

Artikel 28 der Kriegsgesetze vom 20. März 1797 legte fest: „Im Fall der Selbstentleibung aus Schwermuth oder Melancholie ist der Körper ganz im Stillen fortzuschaffen und zu beerdigen. Ist jedoch nur eine Verwundung erfolgt [= versuchter Selbstmord], so müssen die Umstände, nach dem Grade der Schwermuth und Melancholie in Erwägung gezogen werden, um die Bestrafung des Thäters, wenn ihm dabei Bosheit [!] zur Last fällt, mit Gassenlaufen zu bestimmen" [24].

Versuchte „Selbstentleibung" wurde mit Gassenlaufen, sprich Schlägen bestraft, wenn jemand aus „Bosheit" gehandelt hatte, das heißt dem unerträglichen *Dienst* durch Selbstmord entgehen wollte.

Die verklausulierte Sprache des Artikels 28 sollte glauben machen, dass Soldaten meistens wegen individueller „Schwermuth" Hand an sich legten. Selbsttötungen als Flucht vor dem Dienst seien daher Ausnahmen. So verschleierten die Verfasser des Gesetzes die grausame Wirklichkeit.

Dass Artikel 28 zugunsten Schwagers ins Gewicht fiel, bekräftigte unfreiwillig Friedrich Wilhelm II. Am 20. März 1797 erließ er eine „Declamation" zur Ergänzung der Kriegsartikel vom gleichen Tag. Hier stand bereits unter Punkt 1, dass der Offizier ihm Untergebene nicht „durch tyrannische oder brutale Behandlung" zur „Wider-

---

[24] Kriegesartikel für die Unter-Offiziere und gemeinen Soldaten von der Infanterie, Cavallerie und Artillerie, Berlin 1797, in: GStA, I HA Rep. 9 Allgemeine Verwaltung, NN lit d, Paket 1796-1800.

setzung veranlassen" dürfe [25]. Also herrschten tatsächlich Brutalität und Tyrannei im Heer der Preußen!

Weiter verbot der König, dass die Gassenlauf-Strafe den Delinquenten tötete oder (unheilbar) dienstuntauglich machte. Friedrich Wilhelm, der jegliche „Insubordination" schwer zu bestrafen gedachte, erließ diese Bestimmung weniger aus Gutherzigkeit, die ihm Schwager angedichtet hatte, sondern weil er nicht unnötig Soldaten verlieren wollte.

Deshalb verminderte er die bis dahin zulässige Höchststrafe des „30maligen Gassenlaufens" (= 150 Rutenschläge auf den Rücken) auf das 20malige Gassenlaufen (= 100 Schläge), [26] obwohl vermutlich auch diese tödlich enden konnten. Nicht einmal Schwager hatte den lebensgefährlichen Gassenlauf erwähnt.

Hinsichtlich der Anwerbung von Soldaten ergingen im Februar 1787 neue Regularien. „Alle listigen Nachstellungen, Überredungen und Täuschungen [sollen] völlig unterbleiben, und keine Rekruten anders als mit ihrem freien

---

[25] Declamation über einige Punkte zur Anwendung der neuen Kriegesartikel, Berlin, 20. März 1797, in: GStA, wie Fußnote 24.

[26] Ebd. Die Widerrede gegen einen Offizier konnte vor dem März 1797 mit bis zu 30maligem Gassenlaufen geahndet werden. Der tätliche Angriff zog prinzipiell das Todesurteil nach sich. Vgl. Artikel 4 und 5 der Kriegesartikel für die Unter-Offiziere und gemeinen Soldaten, wie Fußnote 24. „6maliges Gassenlaufen" bedeutete 30 Schläge, pro Gassenlauf also 5 Schläge. Das 'Instrument' der Bestrafung wurde Fuchtel, Spießrute, Stock oder Rute genannt. Vgl. Anhang zu den Kriegesartikeln vom 20. März 1797, 29. Dezember 1800, in: ebd.

Willen und bei nüchternem Muthe, angeworben werden". „In den Wirthshäusern" müsse der Umworbene deshalb nicht „zum Trunke gereizet, und nie in der Trunkenheit engagirt werden" [27]. Ob „muß nicht" ein Verbot bedeutete, ist unklar.

Die „Werbung" erfordere „größte Ehrlichkeit", und niemand solle „durch Unwahrheit oder durch falsche Versprechungen getäuscht werden" [28]. Bedurfte es dieser Gebote? Sehr wahrscheinlich betraf das Reglement die von Schwager 1789 getadelten Sachverhalte.

Inländische Soldaten, die sich trotz Bestrafung der Dienstordnung widersetzten, verurteilte man zu lebenslanger Festungs- oder Zuchthausstrafe [29].

---

[27] Reglement für die ausländische Werbung vom 1. Februar 1787, in: GStA, Novum Corpus Constitutionum Marchicarum, 8. Band, 1786-1790, Nr. 12, Artikel 2. Zu den Hintergründen der Anwerbung von Nichtpreußen: Handbuch der deutschen Militärgeschichte, wie Fußnote 23, S. 87f. Entstanden war dieses System in der Zeit Friedrichs II. Vgl. Martin Guddat, Handbuch zur preußischen Militärgeschichte 1701-1786, Hamburg 2001, S. 49f.

[28] Reglement für die ausländische Werbung vom 1. Februar 1787, wie Fußnote 27, Artikel 3.

[29] Zwei Schreiben des Oberkriegskollegiums, 1. Departement, an die Generalinspekteure der Infanterie, März und Mai 1789, in: GStA, IV. HA, Rep. 11, Preußische Armee, Kommando- und Verwaltungsbehörden sowie Truppenteile der Alten Armee bis 1806/07, Nr. 65, Bl. 1f. 'Unverbesserlichen' Nichtpreußen sollten (wie Tieren oder Sklaven) jeweils ein Buchstabe in den Rücken eingebrannt werden. Dann brachte man sie außer Landes; auch die Einweisung in ein preußisches Arbeitshaus kam in Betracht. Das Brandzeichen diente wohl der Bestrafung und sollte

Zwei bisher unbekannte Fälle der Soldatenbestrafung runden das Bild ab. Im April 1793 hatte ein Musketier namens Kupitsch „öffentlich raisoniert", meldete Generalmajor von Rüchel dem preußischen König [30]. Am gleichen Tag habe ein Stabskapitän „ähnlich dienstwidrig" den Kommandeur eines Bataillons „vor der Front [des Bataillons] zur Rede gestellt" [31].

Der Generalmajor verschwieg, worin die `Räsonnements` bestanden und ob eine Verbindung zwischen Kupitsch und dem Offizier existierte. Offenkundig lagen tiefe Unzufriedenheiten zugrunde, wofür die sehr harte Strafe spricht, die Kupitsch traf: das „20malige Gassenlaufen" (= 100 Schläge). Kupitsch kam ins Lazarett und sollte nach der Genesung in ein westlich des Rheins stationiertes Regiment versetzt werden [32].

Wesentlich glimpflicher erging es dem Stabskapitän; ihn wollte Rüchel nur zeitweise strafversetzen und dann begnadigen [33]. Scharf betonte Standesgrenzen charakterisierten eine Armee, in der Offiziere und Mannschaften getrennten Welten angehörten, deren wichtigstes Verbindungsstück die *Rute* bildete. Ohne freiwilligen inneren Zu-

---

vor allem preußische Soldatenwerber davon abhalten, diese Personen nochmals zu verpflichten. Ebd.

[30] Generalmajor Friedrich Wilhelm von Rüchel an Friedrich Wilhelm II., 20.4.1793, in: GStA, I. HA, Rep. 96, Geheimes Zivilkabinett, ältere Periode (bis 1797), Nr. 256 H, Bl. 35. Rüchel verfasste diesen Brief in seinem Quartier nahe Frankfurt am Main.

[31] Ebd., Bl. 35 R.

[32] Ebd.

[33] Ebd., Bl. 35 R, Bl. 36.

sammenhalt war keine ernsthafte kriegerische Bewährungsprobe zu bestehen.

Die 1795 eingesetzte „Immediat-Militär-Organisation" brachte abgesehen von folgenlosen Denkschriften kaum etwas zustande. Hermann von Boyen, damals Stabsoffizier, forderte vergebens die Abschaffung der Körperstrafe [34].

„Der große König", schrieb Fontane, „hat diesen schlimmen Zustand der Dinge vorbereitet, aber dass er *so* schlimm werden konnte, dazu mussten sich die großen Königsaugen erst schließen" [35]. Im Gegensatz zu Friedrich II. vermochte der Nachfolger seiner Armee `Geist und Seele` nicht einzuhauchen. Übrig blieben Schematismus, stumpfer Drill und der oft gehandhabte Stock. Naive Preußen-Apologeten sehen darin nur einen „Leistungsabfall" des sonst untadeligen preußischen Staates [36]. Weit eher entblößte Friedrich Wilhelm II. die verhängnisvolle Kehrseite des monarchischen Staatsgedankens. Gleichsam umgekehrt proportional ist dieser König genauso bedeutsam wie Friedrich II.

---

[34] Grundzüge der deutschen Militärgeschichte, hrsg. von Karl-Volker Neugebauer im Auftrag des Militärgeschichtlichen Forschungsamts, Bd. 1, Freiburg 1993, S. 81ff.

[35] Th. Fontane, Schach von Wuthenow, wie Fußnote 1, S. 172.

[36] Gerd Heinrich, Geschichte Preußens. Staat und Dynastie, Frankfurt/Main, Berlin, Wien 1984, S. 256. Das Problem habe nur in der Person des Königs gelegen, ebd., S. 272. Gerade der oberste Mann ist eben eine der Achillesfersen jedes monarchischen Absolutismus! Fundamentale Schwächen der preußischen Staatsidee verkennt Heinrich ebenso wie er barbarisch misshandelte Soldaten ignoriert. Aber er lobt das „regierbare", gehorsame und „arbeitswillige" Volk, ebd., S. 256.

Natürlich gab es im 18. Jahrhundert gleichartige Zustände auch in anderen Armeen. Aber die Situation war in Preußen wegen der Französischen Revolution und besonders seit der „Levee en masse" von 1793, die eine Bürgerarmee auf der Basis der Wehrpflicht schuf, gründlich verändert.

Nun musste Friedrich Wilhelm II. entscheiden, ob und wie er die Ereignisse in Frankreich beantworten sollte. Nicht nur die Zuverlässigkeit der Armee galt es zu sichern. Staat und Militär waren in Preußen so eng verwoben, dass die Kritik an der Armee, worauf der Justizrat von Arnim richtig hingewiesen hatte, beinahe zwangsläufig in die Kritik am Staat einmündete [37].

Man darf den `Fall Schwager` nicht isoliert betrachten. Welches Selbstverständnis entwickelte die preußische Staatsführung? Zwei Möglichkeiten standen der Regierung zur Wahl: gründliche Staatsreform oder Stillstand. Anfangs schien Friedrich Wilhelm II. die Kontinuität des aufgeklärten Absolutismus fortzusetzen. Die französische Regie der Zoll- und Akziseverwaltung wurde abgeschafft. 1787 gründete er das Oberkriegskollegium und verlieh ihm die Kompetenzen eines Kriegsministeriums. Dann ließ der König 1794 die monarchisch-autoritär revidierte Endfassung des „Allgemeinen Landrechts" in Kraft treten.

Solche und andere Maßnahmen änderten wenig. Das Ständewesen, die Privilegien des Adels, auch das Militär-

---

[37] Aufklärerisch gesinnte preußische Offiziere erkannten ebenfalls, dass „sich absolutistisches Staats- und Heeresprinzip entsprachen". Handbuch zur deutschen Militärgeschichte, wie Fußnote 23, S. 94.

system blieben ebenso erhalten wie der Merkantilismus [38]. Letztlich obsiegten Erstarrung und Repression. Berlins politische Polizei beobachtete und registrierte jeden Schritt ausländischer Gesandter [39].

Die unnachsichtige Zensur fast aller Druckwerke lähmte das Geistesleben. Johann Christoph von Wöllners berüchtigtes Religionsedikt (1788) schrieb den evangelischen Geistlichen die Auslegung des Christentums penibel vor [40]. Gemaßregelt wurde auch Immanuel Kant, dem der Monarch 1794 seine „höchste Ungnade" und „unangenehme Verfügungen" androhte. Erbärmlich beugte Kant, der es kategorisch ablehnte, gegen die Obrigkeit zu rebellieren, den Nacken vor der „landesväterlichen Intention" [41].

Des Königs große Fehler in der Außenpolitik verschlimmerten die Gesamtlage. Törichterweise intervenierten preußische Soldaten in den Niederlanden (1787) und in Frankreich (1792-1795), wo sie zugunsten der jeweiligen

---

[38] Otto Hintze, Die Hohenzollern und ihr Werk, Berlin 1915, S. 407-411. Christopher Clark, Preußen. Aufstieg und Niedergang, 1600-1947, 1. Aufl., München 2006, S. 330ff. Zum Oberkriegskollegium: Handbuch zur deutschen Militärgeschichte, wie Fußnote 23, S. 110f.

[39] Hierüber informieren mehrere umfangreiche Aktenbände. Berichte über Gesandte in Berlin, in: GStA, I. HA, Rep. 96, Geheimes Zivilkabinett, ältere Periode (bis 1797), Nr. 147, K k, Bd. 2, u.a.

[40] Brigitte Meier, Friedrich Wilhelm II. König von Preußen (1744-1797). Ein Leben zwischen Rokoko und Revolution, Regensburg 2007, S. 209ff.

[41] Vgl. den berühmten Brief des Königs an Kant. Friedrich Wilhelm II. an Immanuel Kant, 1. Oktober 1794, (Abschrift), in: GStA, VI. HA, NL Friedrich Theodor Althoff, Nr. 49, Bl. 2-3.

Obrigkeit eingriffen. Im ersten Koalitionskrieg erlitt die preußische Armee eine klägliche Niederlage. Frankreich besetzte aufgrund des Basler Friedens 1795 Preußens linksrheinische Gebiete.

Der Räumung deutscher Westgebiete folgte besonders nach der dritten Teilung Polens (1795) eine aberwitzige Ostexpansion. Nun gehörten das ferne Bialystok und die polnische Hauptstadt Warschau zu Preußen; fast jeder dritte Einwohner des Königreiches war polnischer Herkunft [42]. Preußen verlor das innere Gleichgewicht und schwächte seine Position in Deutschland.

Theodor Fontanes Urteil, dass Preußen vom Tode Friedrichs II. bis 1806 „den Kopf in den Sand gesteckt (habe), um nicht zu hören und nicht zu sehen", [43] stimmt nur teilweise. Zwar nahm die Regierung grundsätzliche Mängel des eigenen Staates nicht zur Kenntnis. Aber die Herausforderung durch die Revolution in Frankreich wurde keinesfalls unterschätzt. Den Teilnehmern des Regensburger Reichstag vom August 1791 sagte Friedrich Wilhelm II., dass „die Ansteckung des Geistes der Freiheit und des Ungehorsams die ernsteste Aufmerksamkeit aller Regierungen" erfordere [44].

---

[42] Zur preußischen Außenpolitik vgl. Christopher Clark, Preußen, wie Fußnote 38, S. 333-342. Speziell über die polnischen Teilungen: Michael G. Müller, Die Teilungen Polens. 1772, 1793, 1795, München 1984.

[43] Th. Fontane, Schach von Wuthenow, wie Fußnote 1, S. 174.

[44] Zitiert nach Brigitte Meier, Friedrich Wilhelm II., wie Fußnote 40, S. 112. Generell: Ilonka Egert und Günter Vogler, Stimmen zur Französischen Revolution in Preußen 1789 bis 1795. Argumente für das Pro und Contra, in: Heiner Timmermann (Hrsg.), Die Französische Revolution und Europa 1789-1799,

Seitens der preußischen Staatsleitung formulierte man ein konservatives Gegenprogramm zur Französischen Revolution. Etwa 1795 entstand der bisher unbekannte „Plan zu einer Volksschrift", um „schädlichen Meinungen", die aus Frankreich hereinkamen, die „Grundsätze des Patriotismus entgegen zu setzen" und dem „lesesüchtigen Publikum" das Staatsinteresse zu erläutern [45]. In vielen Köpfen geisterten phantastische „Fernwelten", welche die „wirklichen Welten" zerstörten. Spekulationen über „Regierungs Constitutionen" irritierten den „zur nützlichen Thätigkeit bestimmten Staatsbürger" und machten ihm Preußens reale Verfassung schlecht, in welcher er zufrieden gelebt hatte, nun aber durch ein „Schlaraffenland" ablösen wolle [46].

Diese „nicht geringe Zahl" von Personen verstünden nicht, wie Staaten zu regieren seien. In Frankreich proklamierte „Rechte der Menschen" und die Reden der dortigen Volksvertreter hätten sie verführt. Frankreich taumele zwischen einer „unanwendbaren Demokratie" und „wilder Oligarchie" [47]. Ein negatives Frankreichbild hatte den Preußen die Vorteile ihres Staates näher zu bringen.

Saarbrücken 1989, S. 343-368. Helga Schultz, Gesellschaftliche Strukturen und geistig-politisches Klima in Berlin 1789-1799, in: Timmermann, ebd., S. 381-392. Wilhelm Lüdtke, Friedrich Wilhelm II. und die revolutionäre Propaganda 1789-1791, in: Forschungen zur brandenburgischen und preußischen Geschichte, Bd. 44, 1932, S. 70-83, besonders S. 76-79.

[45] Plan zu einer Volksschrift, ohne Angabe des Verf., ohne Dt.,(etwa 1795), in: GStA, I. HA Rep. 96, Geheimes Zivilkabinett, ältere Periode (bis 1797), Nr. 218, Bl. 25-27.

[46] Ebd., Bl. 25.

[47] Ebd., Bl. 25 R.

Der „Missverstand" der „Volkshaufen" gefährde die „Ruhe des Staats", den allein „die Weisesten" regieren können. Selbst wenn preußische Zeitungen rein sachlich über die Reden der „Opposition" im englischen Parlament berichten, füllen sie „die Gemüther mit falschen Begriffen". Sogar die „Wahrheit" wenden sie unrichtig an! Trotz „aller Bücherverbote" kursierten solche dem „Missbrauch unterworfenen Meinungen" innerhalb des Volkes [48].

Wie aber sollte der ideale Untertan geformt werden? Die künftige „Volksschrift" müsse die „Begriffe berichtigen" und das Interesse der „Volksklassen" auf die Hebung ihres „Wohlstandes" lenken. Ob Kaufmann oder Bauer, je nach Beruf oder Stand, werde man Empfehlungen wirtschaftlicher Art erteilen,[49] die „Vorzüge der Vaterländischen Verfassung einleuchtend" darstellen, umrahmt von einer „Moralität in ihrer liebenswürdigen Gestalt". Dabei sei die „Miene der Freimüthigkeit" zur Schau zu stellen und „Schmeichelei" zu vermeiden [50]. Statt sich politisch zu betätigen, sollte der Bürger Unmündigkeit mittels Wohlstand kompensieren - ein sehr deutsche, noch immer attraktive Idee!

---

[48] Ebd.

[49] Ebd., Bl. 25 R und Bl. 26

[50] Ebd., Bl. 26f. In der Randnotiz einer unbekannten anderen Person hieß es, dass dieser „Plan" nur wenigen zur „Kenntniß gelangen" dürfe. Ebd., Bl. 26 R. Der deutsche Hang zum abstrakt-realitätsfernen Denken ebnete solchen Vorstellungen den Weg. Monarchische Obrigkeiten wurden vergöttlicht, und die isolierte Betonung privat-ökonomischer Interessen verdrängte die politische Wirklichkeit.

Zwei bisher unbeachtete öffentliche Ansprachen zielten in die gleiche Richtung. Gehalten wurden sie anlässlich der Huldigung Friedrich Wilhelms III. am 6. Juli 1798 im Berliner Stadtschloss [51]. Die Redner waren Friedrich Philipp Eisenberg (Kammergerichtsrat, Stadtpräsident und Polizeidirektor von Berlin) und Eberhard Friedrich Christoph Freiherr von der Reck (Präsident des Obertribunals, 1800 preußischer Justizminister). Beide hatten schon für den vorherigen König gearbeitet.

Angesichts der Umwälzungen im Nachbarland erörterten sie das Selbstverständnis des monarchischen Staats. „Ich rede zu Preußischen Unterthanen", verkündete Eisenberg. „Euch wird der Meinungs-Schwindel nicht ergreifen. Ihr werdet verrätherischen Lockungen kein Gehör geben, nicht Euren Blick an aufgestellte Scheinbilder heften, die sich in Furiengestalten umwandeln, frech alle Bande zerreißen, um alle [wie in Frankreich] gleich elend zu machen; Einzelne mit Ungebundenheit täuschen" [52].

Dem König gelte das „feierlichste Gelübde ... des strengsten Gehorsams". Sollen „denn Andere sich über die beste oder bessere Form regiert zu werden, streiten; mögen sie sich bei diesem Zanke um Meinungen unglücklich machen: wir wollen ihnen zurufen: Völker, seht auf uns! Wir haben einen gemeinschaftlichen Vater, wir alle sind seine

---

[51] Reden, welche bei der Huldigung S. M. des Königs Friedrich Wilhelm III. den 6. Juli 1798 gehalten worden, Berlin 1798, in: GStA, I. HA Rep. 9, Allgemeine Verwaltung, NN lit d, Paket 1796-1800.
[52] Reden, ebd., S. 20.

Kinder. Er liebt uns; wir verehren ihn. Lernt an unserem Beispiel wahrhaft glücklich seyn!" [53]

Meinungsstreit durfte es in Preußen nicht geben; erlaubt war nur der „strengste Gehorsam" des Kind/Untertanen gegenüber dem Vater/König. Möge Preußen der Welt als Vorbild dienen! Freie Geister gediehen selten im autoritär-absolutistisch regierten Staat.

Der andere Redner fügte Eisenbergs monarchistischer Apotheose wichtige Ergänzungen hinzu. In Preußen, betonte von der Reck, galten „Gleichheit vor dem Gesetz – die einzig mögliche" Form der Gleichheit, die an Gesetze gebundene „bürgerliche Freiheit", nicht minder „Gewissens-Freiheit" und „Sicherheit des Eigentums" [54].

Staat und Militär blieben der Krone vorbehalten, aber die Bürger erhielten von oben kontrollierte private und wirtschaftliche Freiräume zugewiesen [55]. Der „Plan zu einer Volksschrift" und die zitierten Reden enthielten Grundsätze einer gegen die Französische Revolution gerichteten Ideologie. Bezogen auf den 1. Koalitionskrieg, könnte man sie `Die Preußischen Ideen von 1792` nennen.

---

[53] Ebd., S, 24 f.

[54] Ebd., S. 19.

[55] Wenige Jahre später setzten die Aufhebung der Gutsuntertänigkeit und die Einführung der Gewerbefreiheit diese Linie fort. Dem obrigkeitlichen Verständnis von Aufklärung entsprach es, keinen Widerspruch darin zu sehen, dass der König den politischen Bereich dominierte. Die so festgelegte Teilung in zwei Machtsphären hat Deutschlands Geschichte langfristig und folgenreich mitbestimmt.

Das monarchische Gehorsamsprinzip und die Despotie der Rute kennzeichneten Preußen. Auf dem Schlachtfeld von Jena und Auerstedt wurde im Oktober 1806 das historische Urteil gesprochen. Die vom „Sklavenjoch" entwürdigten Soldaten, für die Johann M. Schwager 1789 leidenschaftlich das Wort ergriffen hatte, unterlagen einer Armee gleichberechtigter Bürger. Nur eine Schlacht ging verloren, und das friderizianische Heer zerfiel, während der Staat fast kollabierte.

Johann M. Schwagers kluge Prophezeiung bewahrheitete sich. Sowohl er als auch Albrecht Heinrich von Arnim waren zuvor gestorben. Von Blindheit geschlagen, hatten Friedrich Wilhelm II. und sein Justiz-Werkzeug 1790 einen wehrlosen Mann verfolgt, der dem König die Augen öffnen wollte! Wahre Patrioten sind kritische Patrioten.

Erst die katastrophale Niederlage von 1806 öffnete den Weg auch zu einer gründlichen Militärreform. Dank der neuen Kriegsartikel vom 3. August 1808 wurde die Körperstrafe abgeschafft; der Heeresreformer August Neidhardt von Gneisenau proklamierte „die Freiheit des Rückens" [56]. Soldatenmisshandlungen gehörten aber noch lange zum militärischen Alltag [57].

---

[56] Handbuch zur deutschen Militärgeschichte, wie Fußnote 23, S. 132-135. Das Zitat: S. 135.

[57] Vgl. Harmut Wiedner, Soldatenmisshandlungen im Wilhelminischen Kaiserreich (1890-1914), 1982, Online: https://library.fes.de

Copyright 2025 Rolf Helfert
Verlag: BoD · Books on Demand GmbH, In de Tarpen 42,
22848 Norderstedt, bod@bod.de
Druck: Libri Plureos GmbH, Friedensallee 273,
22763 Hamburg
ISBN: 978-3-7693-2856-1

9 783769 328561